Helen Bradley

DAS BILDERBUCH VON NELLIE BLEI

(Miss Rosenrot ist auch dabei!)

Artemis Verlag Zürich und München

Aus dem Englischen übertragen von Elisabeth Schnack

2. Auflage 1973
Titel der englischen Originalausgabe: «And Miss Carter Wore Pink»
Published 1971 by Jonathan Cape Ltd. London

Printed in Switzerland
ISBN 3 7608 0336 9

AUF NELLIES Bildern könnt ihr sehen, wie die Kinder vor siebzig Jahren in England lebten. Nellies Bilder wurden berühmt, weil sie eine Zeit schildern, die längst vergangen ist. Nellie hat inzwischen geheiratet und heißt jetzt nicht mehr Nellie, sondern Helen Bradley. Sie hat ein Enkelkind, und dem erzählt sie manchmal, wie es früher war:

«Wir wohnten in Lees, einem kleinen Städtchen nicht weit vom Meer. Mitten im Grünen lag es, eingeschlossen von Wiesen und Feldern – bis plötzlich ringsum die Baumwollspinnereien aus der Erde schossen und mit ihrem Qualm die Luft verdarben. Sogar wir Kinder merkten, daß eine neue Zeit begann. Bis dahin hatten wir tagtäglich unsern Nachmittagsspaziergang gemacht, mein Bruder George und ich mit unsern Hündchen Gipp und Zipp. Wir gingen nie alleine aus. Unsre Mama und unsre drei Tanten, die Schwestern von Mama, kamen immer mit. Weil Tante Frances, Tante Charlotte und Tante Mary noch nicht verheiratet waren, wohnten sie bei unsrer Großmama in der gleichen Straße wie wir, in einem Haus schräg gegenüber.

Unser Haus hatte hohe Zimmer, lange, enge Korridore und steile Treppen. In der Küche stand ein mächtiger schwarzer Kochherd mit zwei Backöfen. Im kleineren wurden Obstkuchen und Plätzchen gebacken. Der große war der Brotofen. Alles Brot, das wir aßen, und alle Kuchen hat unsre Mama selbst gebacken – oder auch die alte Sarah. Sarah half im Haushalt, solange mein Bruder George noch klein war. Als wir größer wurden, kam Peggy zu uns. Jeden Dienstag putzte sie alle Zimmer. Wenn sie fegte, sang sie mit lauter Stimme, und sowie sie uns sah, trommelte sie mit dem Handbesen auf die Schippe und rief: ‹Kommt, Kinder! Singt mit!› Wir lernten viele schöne Lieder von ihr. Wenn es Abend wurde, sang sie traurige Lieder von der sinkenden Sonne und von der dunklen Nacht, und bald danach war sie fertig mit der Arbeit und ging nach Hause.

Später bekam unsre Mama eine andre Hilfe, eine Frau Murgatroyd. Sie war nicht so lustig wie Peggy, denn sie hatte gerade ihren Mann verloren, sagte unsre Mama. Nun mußte sie für sich und ihre Kinder Willi und Anni Geld verdienen. Sie nahm die Kinder in jedes Haus mit, wo sie als Putzfrau arbeitete. Also kamen Willi und Anni auch zu uns. Es war schrecklich. George und ich gingen noch nicht in die Schule: wir wurden zu Hause unterrichtet. Und nun machten Willi und Anni mit! Willi stopfte sich Löschpapier in den Mund, kaute darauf herum und warf mir die nassen Klümpchen an den Kopf. Wir waren froh, wenn die beiden wieder weggingen und wir in Ruhe mittagessen konnten. Dann war es Zeit für den Nachmittagsspaziergang. Wir zogen uns schön an und gingen zu Großmama. Wenn Großmama mich necken wollte, nannte sie mich Nellie Blei – wie die Nellie Blei im Kindervers:

> Nellie Blei fing eine Fliege, band ein Fädchen an ihr Bein
> und rief: ‹Fliege, kleine Fliege!› Doch es blieb ihr nur das Bein.

Als ich Bilder malte, wollte ich die Leute an den komischen Vers und an meinen Namen erinnern und setzte eine winzig kleine Fliege in die Ecke von jedem Bild.

Es war nicht gefährlich, über die Straße zum Haus unsrer Großmama zu gehen. Damals gab es noch keine Autos. Kräftige Pferde zogen die mit Baumwolle beladenen Wagen durch die Straßen, und weil die Wagen schwer waren, konnten die Pferde nur langsam einherstampfen. Großmama wohnte in einem sehr alten Haus. Unter dem Dach war der lange, niedrige Dachboden. Dort standen zwei Webstühle. Sie wurden dauernd benutzt. Vor dem einen saß meistens die alte Maggie und webte Leintücher aus Leinen und Baumwolle. Der andre Webstuhl gehörte Tante Mary. Sooft sie Zeit hatte, ging sie auf den Dachboden und webte Wollstoffe und feines Tuch für Wintermäntel und Kleider.

Auf unserm Nachmittagsspaziergang begleiteten uns die drei Tanten und auch Miss Carter, ihre

Freundin. Wir Kinder nannten sie Miss Rosenrot. Auf den Bildern kann man leicht herausfinden, warum wir sie so nannten. Manchmal kam auch unsre Freundin, die kleine Emily, mit. Ihre Mutter hatte ewig Kopfschmerzen, deshalb mußten wir Kinder alle sehr brav sein, wenn Emily und ihre Mutter dabeiwaren.

Wir bogen von der Hauptstraße in die Brunnengasse ein. Es war der Weg zum Friedhof, und dort gingen wir eigentlich jeden Tag hin – wegen Großmama. Miss Rosenrot ging in der Mitte zwischen den drei Tanten und unsrer Mama, weil sie immer etwas Neues von Mister Taylor zu erzählen hatte. Er war der Bankverwalter, und seinetwegen trug Miss Rosenrot so schöne rote Kleider: um ihm zu gefallen – das hatten wir schon gemerkt!

Wenn wir auf dem Friedhof ankamen, sahen wir auf den Bänken noch mehr Bekannte sitzen. Auch Großmamas alte Freundin Mary Ellen war da und wartete schon auf Großmama. Wir Kinder gingen mit Tante Frances die schmalen Pfade entlang. Sie nahm uns bei der Hand, und dann mußten wir die Namen auf den Grabsteinen buchstabieren. Manchmal trafen wir auch Mister Green, aber nur, wenn Tante Charlotte in der Nähe war. Alle Damen fanden ihn sehr hübsch. Er war der neue Hilfspfarrer. Auf dem Rückweg begleitete er uns. Als Großmama hörte, daß er gerne sang, lud sie ihn zu ihren Samstagabenden ein. Da wurde Musik gemacht: unsre Mama spielte Klavier, Papa spielte Geige, und Tante Mary sang mit ihrer dunklen Stimme alte Volkslieder. Wenn sie das Abendlied sangen, durften wir Kinder mitsingen, und dann mußten wir ins Bett. Die großen Leute musizierten weiter. Mister Green und Mister Taylor sangen so laut, daß ich es in meinem Bett hören konnte! Zu guter Letzt wurden Platten mit belegten Broten herumgereicht, und dazu gab es chinesischen Tee oder Kakao.

Als die Tage länger und milder wurden, kam Tante Charlotte öfters zu uns herüber und fragte Mama, ob sie George und mich vor dem Zubettgehen ein bißchen an die Luft führen dürfe. Hinter der Brunnengasse gab es schöne Verstecke, und wir tollten mit Gipp und Zipp herum, denn Tante Charlotte war nicht so streng mit uns. Sie war jedesmal sehr erstaunt, wenn Mister Green, der neue Hilfspfarrer, uns zufällig entgegenkam. ‹Was für eine Überraschung!› rief sie jedesmal. Sie wurde rot und sah ganz glücklich aus.

Zu Ostern unternahmen wir die erste Reise. Wir besuchten unsern Großpapa in Blackpool. Er hatte dort in der Nähe eine Farm gekauft und ein Haus mit vielen Zimmern gebaut, damit seine Kinder und Enkel auch einmal bei ihm wohnen konnten. Wir haben schöne Tage bei ihm verbracht.

Als wir nach Blackpool fuhren, trafen wir uns alle auf dem Bahnhof, und jeder kam zu früh. Aber das war gut so, denn unser Papa mußte sich um das ganze Gepäck kümmern: um Koffer und Plaidrollen und Reisetaschen und Bündel mit Regenschirmen und Sonnenschirmen und unsre Eimer und Spaten und natürlich auch um die Hunde Gipp und Zipp und die Körbchen mit den Katzen Martha und Max.

Großmama mietete ein Haus an der Landstraße nach Lytham, denn bei uns wohnten unsre drei Tanten und Miss Rosenrot. Ein paar Türen weiter nahm sich

Hier bin ich, Nellie, mit meinem Bruder George und den Hunden Gipp und Zipp. Die schöne Dame ist unsre Mama.

Das sind unsre drei Tanten. Tante Frances ist klein und zierlich. Tante Charlotte ist blond und hübsch, aber nicht so hübsch wie unsre Mama. Tante Mary ist groß und tüchtig. Sie kann weben und nähen.

Mister Taylor ein Zimmer. Er kümmerte sich um all die Damen und war zu jeder liebenswürdig und hilfsbereit. Vor zwei Jahren hatte er seine Frau verloren, und jetzt war die Trauerzeit vorbei. Eines Morgens hörte ich mit an, wie unsre Mama zu Tante Frances sagte: ‹Ich glaube, ich glaube, Mister Taylor will sich wieder verheiraten!› Ich konnte mir denken, mit wem. Tante Frances hatte mich gesehen und legte den Finger auf den Mund. ‹Psst!› sagte sie. ‹Kleine Mäuse haben auch Ohren!›

Mama, George und ich blieben etwas länger als die andern in Blackpool. Das war eine herrliche Zeit. Jeden Morgen gingen wir mit Mama an den Strand und hatten bei ihr Schule. Es war viel besser als die Stunden bei Mr. Thornley, dem Lehrer in Lees. Sein großer Schnurrbart zitterte, wenn er mich etwas fragte und auf die Antwort warten mußte. Aber vor lauter Angst fiel mir nie die richtige Antwort ein. Dann schüttelte er den Kopf und rief: ‹O je, o je, dies Kind weiß überhaupt nichts!›

Wenn wir nach Lees zurückkehrten, wurde nur noch an Kleider gedacht, denn fürs Pfingstfest mußte jeder ein neues Kleid haben. Aber auf den Nachmittagsspaziergängen wurden die neuen Kleider niemals erwähnt. Es war ein großes Geheimnis – sonst wäre es ja keine Überraschung mehr gewesen. Die Pfingstparade war ein langer Umzug durch die Straßen, und jeder trug ein neues Kleid und einen neuen Hut – und wenn's ein alter war, dann war er wenigstens mit neuen Blumen geschmückt. Selbst das ärmste Kind hatte ein frisches weißes Kleid. Wie sehr hofften wir alle auf gutes Wetter! Ich kann mich auch nicht erinnern, daß es jemals während der Pfingstparade regnete.

Bald nach Pfingsten wurden die großen Koffer gepackt, und wir fuhren für den ganzen Sommer ans Meer, nach Blackpool oder auf die Farm. Im Herbst mußten wir wieder zu Hause sein, denn da wurden Picknicks veranstaltet. Dann kamen bald die Vorbereitungen fürs Weihnachtsfest an die Reihe. Wir wurden zur öffentlichen Schulfeier eingeladen. Mr. Thornley hatte sich seinen großen Schnurrbart mit Mehl gefärbt, aber ich merkte es doch: er war nicht der echte Weihnachtsmann! Gleich würde er mir wieder eine Frage stellen, die ich nicht beantworten konnte. Darum freuten wir uns, als wir wieder zu Hause waren.

George und ich hängten jeder einen Strumpf an den Bettpfosten, und am Weihnachtsmorgen fanden wir eine Apfelsine und einen Apfel darin und ein funkelnagelneues Geldstück und ein Bröckchen Kohle – ‹zum Glückbringen!› Wir sangen Weihnachtslieder, und dann wurden wir in unsre warmen Mäntel gesteckt und kletterten zu Papa auf den Wagen. Der Himmel war blau, der Schnee glitzerte, und wir fuhren zu den Ställen, wo unsre Pferde gefüttert werden mußten.

So verflog die Zeit. Als ich zehn Jahre alt war, kam ich in die Schule. Vorbei war's mit den Nachmittagsspaziergängen! Unser Hilfspfarrer, Mr. Green, war schon vorher als Missionar nach Afrika gegangen. ‹Der Arme!› seufzte Tante Charlotte. ‹Hoffentlich wird er nicht von einem Löwen gefressen!›»

HIER MACHEN wir den ersten Frühlingsspaziergang: Mama, Tante Frances, George und ich und unsre Hunde Gipp und Zipp. Die Dame im roten Kleid ist Miss Rosenrot, unsre Nachbarin. Eigentlich heißt sie anders. Weil sie nur rosenrote Kleider trägt, haben wir Kinder ihr diesen Namen gegeben. Sie weiß es aber nicht. Der Laternenanzünder ist schon an der Arbeit. Die Kinder spielen noch. Die alte Sarah schaut aus der Haustür und schimpft: «Warum müßt ihr mir auch immer meine Fliesen mit euren Zahlen vollschmieren? Ich hatte sie gerade frisch gescheuert!» Mama sagt: «Laß sie doch Himmel und Hölle spielen, Sarah! Bald sind sie zu groß dafür.»

WENN ES wärmer wird, gehen alle Leute aus unserm Städtchen auf den Friedhof. Sie nehmen das welke Winterlaub weg und schmücken die Gräber mit Frühlingsblumen. George und ich laufen zu unserm Lieblingsengel. «Er ist aus weißem Marmor!» sage ich zu George. Miss Rosenrot hat viel zu tun, denn sie muß für drei Gräber sorgen. Ihre Eltern und ihr Bruder leben nicht mehr. Wir gehen umher und treffen viele Bekannte. Vor dem schönsten Grab steht unsre Putzfrau mit ihren Kindern Willi und Anni. Sie weint. Ihr Mann ist gestorben. Unsre Großmama sitzt neben ihrer Freundin Mary Ellen auf der Bank und schaut zu, wie Mama und unsre drei Tanten das Grab von Großpapa in Ordnung bringen. Tante Frances hat ihr Kleid aus Tupfenmull angezogen – mit dem lila Unterkleid –, so warm ist es heute!

MAMA HAT sich in der Stadt einen Frühlingshut gekauft. Auf dem Rückweg ist der Himmel plötzlich blutrot. Als wir aus der Straßenbahn steigen, sehen wir die neue Baumwollspinnerei. Sie brennt lichterloh. Das Feuer frißt sich weiter nach unten, durch alle Stockwerke. Die Feuerwehr ist schon da. Miss Rosenrot ist auch wieder bei uns. Mister Taylor begleitet sie. Immer begleitet er Miss Rosenrot! Jetzt zieht er seine Jacke aus und gibt sie Miss Rosenrot, auch seinen feinen Hut. «Ich muß der Feuerwehr helfen», sagt er. «Oh, wie tapfer Sie sind, Mr. Taylor», flüstert Miss Rosenrot. «Kommt mit nach Hause, Kinder!» ruft unsre Mama. «Hier ist es zu gefährlich für euch! Großmama und die Hunde kommen auch mit.»

MARION und Susan haben uns zu einem Puppengeburtstag eingeladen. Aber mitspielen wollen sie nicht. Sie sind älter als wir und haben sich verkleidet. Sie spielen «Wenn man erwachsen ist». Wir haben für unsre Puppen den Teetisch gedeckt. Die Hunde sind aufgeregt und gehorchen nicht. Noch schlimmer sind Willi und Anni, die Kinder von unsrer Putzfrau. Willi ist frech: er will meinen kleinen Bruder verprügeln. George reißt aus. Er springt ins Garten-Klo und schließt sich ein. Als wir nach Hause gehen wollen, kann er die Tür nicht aufmachen. Auch Marion und Susan können es nicht. Zum Glück kommt Marions Vater. Er ist klug. Er hilft George heraus.

AM ERSTEN Mai ist in Lees Töpfermarkt. Braucht Großmama vielleicht neues Geschirr? Tante Mary sagt sofort: «O ja, wir brauchen einen Milchkrug und eine Salatschüssel!» – Der billige Jakob schreit so laut, er ist der beste Marktschreier. Aber Großmama kann das Geschrei nicht aushalten und geht weiter. Wir treffen Miss Rosenrot und nehmen sie mit. Und dort am Laternenpfahl steht Mister Taylor und rückt seine Krawatte zurecht. George und ich haben keine Zeit für die großen Leute. Wir betrachten die Maikönigin und ihr Gefolge. Da kommen schon die Straßenbengel! Gleich wird es eine Rauferei geben.

WIR FAHREN mit der Eisenbahn nach Blackpool – ans Meer! Wir sitzen in einem Abteil zweiter Klasse, George und ich, die Hunde Gipp und Zipp und Papa und Mama und Großmama und die drei Tanten. Es ist kaum Platz für das Gepäck. Papa hat es mit Mühe untergebracht: all die Koffer und Reisetaschen und Schirmrollen! Wir freuen uns auf die Ausflüge. Alle lachen und schwatzen durcheinander. In einem Abteil erster Klasse reist Mister Taylor. Er begleitet Miss Rosenrot und unsre Freundin Emily Miller und ihre Mama. Wir spielen gern mit Emily. – Die häßlichen Fabriken mit den qualmenden Schornsteinen verschwinden. Wir sehen nur noch grünes Weideland mit Kühen und Pferden. George sagt: «Ich kann den Seewind riechen!» Ich glaube es ihm nicht.

«SCHNELL, Kinder!» ruft unsre Mama. «Holt eure Drachen herunter, die Flut steigt immer höher!» Mein Drachen fängt gerade an, sich in die Luft zu schwingen. Georges Drachen schwebt ganz hoch am Himmel. Das Meer leckt um die Sandburgen. Unsre Schuhe werden naß. Wir haben keine Lust aufzuhören. Aber Papa macht ein strenges Gesicht. Er möchte gern zur Promenade, wo das Strandkonzert beginnen soll. Mama tröstet uns und sagt: «Morgen ist es sicher ebenso windig.» Alle großen Leute eilen zur Treppe. Mister Taylor und Miss Rosenrot sind die letzten. Sogar die Eselchen werden vom Strand weggetrieben. Wenn man Geld hat, kann man auf ihnen reiten.

ALS WIR auf unsrem Spaziergang an einem Zigeunerlager vorbeikommen, bleiben wir stehen. Über dem Feuer hängt ein Kessel, und die alte Zigeunerin rührt das Essen um. «Es riecht herrlich nach Hühnersuppe», lacht unsre Großmama. «Wer weiß, wo sie das Huhn gefunden haben!» Eine Frau bringt ihr Baby und sagt: «Bitte, kaufen Sie! Heißt Remo, ist kleine Junge! Hier schon genug Kinder – zu viele Kinder!» – «Aber gute Frau», sagt Mama, «wenn er groß ist, werden Sie stolz sein auf ihn! So ein hübscher Junge!» Die Frau macht ein Gesicht und steckt ihn in eine Kiste mit Heu. Da liegen schon vier dicke junge Hunde. «Abscheulich!» sagt Mr. Taylor zu Miss Rosenrot.

GROSSPAPA hat seinen Rappen «Prinz» vor den Ausflugswagen gespannt. Er wartet schon auf uns. Wir wollen nicht weg. Es gibt so viel zu sehen auf der Farm. Jetzt ruft der Knecht die Kühe herbei. Sie stehen halb im Teich. Sie haben Wasser getrunken. Eine Kuh glotzt das kleine Entchen an. Ich glaube, sie hat Angst, die Dumme! Nein, wir wollen noch nicht weg! Miss Rosenrot sagt auch: «Es ist unser schönster Ferientag!»

«OH», RUFT Tante Frances, «seht bloß, wer da kommt!» Es ist Miss Rosenrot mit Mister Taylor. «Sicher wollen sie uns eine Visite machen», sagt Tante Mary. «Schnell, Kinder», ruft Großmama, «räumt die Schneiderpuppe mit Tante Charlottes Kleid fort! Versteckt sie im Eßzimmer, damit niemand das neue Kleid vor Pfingsten zu sehen bekommt!» Und mir ruft Großmama zu: «Nellie! Nellie Blei, komm rasch herbei! Du mußt die Garnrollen einsammeln, und George kann die Stecknadeln auflesen.» Zu unsern Tanten sagt sie: «Vergeßt nicht, eure Schürzen abzulegen! Ich werde am besten so tun, als mache ich ein Nickerchen.»

WIR SIND in die Großstadt Manchester gefahren, um einen Teppich zu kaufen. Als Mama, George und ich, Großmama und die Tanten auf dem Piccadilly-Platz stehen, kommen von der andern Seite Miss Rosenrot und Mister Taylor. Er ist sehr freundlich und verspricht, uns in das Teppichgeschäft zu begleiten und uns zu beraten. George und ich füttern die Tauben, und Großmama kauft sich gelbe Narzissen. Mama sieht einen Karren mit Bleichsellerie, den es in Lees nicht gibt. Wir knabbern ihn so gern. Auf der Bank vor dem Krankenhaus sehen wir einen Mann liegen. Er rührt sich nicht. Ein Junge ruft die Krankenschwester. «Sicher ist er tot», sagt Großmama. Wir gehen schnell weiter.

GEORGE und ich sind in der letzten Zeit sehr brav gewesen. Darum laden uns Tante Charlotte und Tante Frances zu einer Kahnfahrt auf dem Teich ein. Das Schiffchen fährt an einer Insel vorbei, wo die Enten sich putzen. Als wir zur Anlegestelle kommen, sehen wir Großmama, Mama und Tante Mary. Tante Mary muß die Hunde Gipp und Zipp festhalten, denn sie sind ganz verrückt vor Freude, sobald sie uns sehen. Mr. Taylor und Miss Rosenrot winken uns zu. Sie sind zum Abendbrot bei uns eingeladen.

AM SAMSTAG vor Pfingsten ist immer Jahrmarkt. Das ist ein tolles Vergnügen für uns Kinder, aber es macht auch müde. George bettelt: «Bloß noch ein einziges Mal Karussell fahren!» Mama erlaubt es nicht. Großmama sagt: «Laß ihn nur! Dann wird er lernen, daß man auch zuviel des Guten haben kann.» Bald sehen wir die Bescherung: George wird käseweiß und grasgrün im Gesicht und muß sich übergeben. Er schämt sich. Auf dem Nachhauseweg muß er hinter den großen Leuten gehen.

WENN DAS Wetter schön ist, nimmt uns Großpapa in seinem Wagen zu den Pferderennen mit. Er hat seine besten Wagenpferde angespannt, Fanny und Prinz. Sie sind schon ganz aufgeregt. Beim ersten Rennen sind sie kaum noch zu bändigen. Ich glaube, sie würden am liebsten mitmachen. Unsre Mama bekommt es mit der Angst. Großmama packt Prinz am Zaum. Mister Taylor kann ihm nicht helfen. Er hat einen Dieb gesehen, der eine Geldtasche gestohlen hat. Darum läuft er ihm nach und ruft: «Haltet den Dieb!»

IM SOMMER macht der Frauenverein von Lees einen Ausflug zum See von Rostherne. Jede Mama bringt etwas für das Picknick mit, Eistee und Brot und Kuchen und Schinken, der den ganzen Winter in der Räucherkammer gehangen hat. Wir Kinder dürfen auch dabeisein. George und ich pflücken Sträuße für Papa. Emilys Mama weint schon wieder. Mister Green, der junge Hilfspfarrer, tröstet sie. Auf einmal stellen sich alle Frauen im Kreis unter einen Baum und singen ein Lob- und Danklied.

ES DÄMMERT schon, und das Picknick ist vorbei. Die Wagen stehen bereit, um die Frauen und Kinder nach Lees zu bringen. Unser junger Hilfspfarrer, Mister Green, zählt die Kinder: alle sind da! Allmählich klettern sie in den großen Stellwagen, den die Fuhrhalterei geschickt hat. Unser Papa kommt mit dem Einspänner angefahren, um uns abzuholen. Mein Bruder George und ich schlafen beinah, und Papa möchte gern abfahren. Aber Tante Charlotte verabschiedet sich noch von unserm Hilfspfarrer. Es dauert so lange, daß Papa ungeduldig wird. Mama lacht und bittet ihn, noch ein bißchen zu warten. Sie flüstert mit Miss Rosenrot, und Belinda steht daneben und belauscht sie. Belinda ist eine Klatschbase, sagen die großen Leute.

WAS UNS in Lees fehlt, ist ein großes Krankenhaus. Aber das Geld für den Bau reicht nicht. Nun wird ein großer Umzug veranstaltet, und alle Zuschauer müssen Geld spenden. Was für ein herrlicher Anblick! An der Spitze die Musikkapelle, gleich danach die Kutsche mit dem Bürgermeister und seiner Frau. Dann kommen die Masken: Indianer und Rotkäppchen und kleine Teufel. «Ich fürchte mich», sagt mein Bruder George und lauscht. «Ich hör' es muhen! Das sind die Bullen!» Und er zerrt an Mamas Hand. «Unsinn», sagt sie. «Die Bullen stehen in der Koppel. Sie sind gut eingesperrt.»

AUS ALLEN Fenstern schauen die Leute auf den Umzug herunter, auf Ritter und Feen und Kaiser und Könige. Sie winken und rufen und lachen. Aber plötzlich hört jeder das laute, zornige Gebrüll, und schon kommen die Bullen um die Ecke. «Sie haben sich losgerissen!» ruft Papa. Rasch drängt er uns in einen Laden, wo wir in Sicherheit sind. Alle Leute rennen wild durcheinander. Endlich kommt der Bauer mit seinem Knecht angelaufen. Sie treiben die Stiere zurück. Willi, der Junge von unsrer Putzfrau, muß sich vor Schreck übergeben. «Du hast zuviel gegessen!» schimpft Willis Mutter, und Anni heult aus Leibeskräften. Es ist uns sehr peinlich. Mama sagt: «Vielleicht ist es etwas Ansteckendes», und sie bittet Papa, uns schnell heimzufahren.

«LEB WOHL, Mary Ellen, leb wohl!» flüstert Großmama und weint. Ihre Freundin Mary Ellen ist gestorben und liegt unter vielen schönen Kränzen in einem Sarg. Sie haben sich schon gekannt, als sie noch kleine Mädchen waren und zusammen in die Schule gingen. Tante Frances sagt zu Mister Taylor: «Im Schulzimmer soll eine Feier sein. Wir wollen vorausgehen und helfen. Tee und Kuchen müssen bereit sein, denn Mary Ellen hat viele Freunde gehabt. Alle kommen ihr zu Ehren.»

DAS HIER ist die Backstube von Alice Hulme. Am Dienstag müssen wir immer Brot und Brötchen bei Alice kaufen, weil unser selbstgebackenes Brot dann noch nicht ausgekühlt ist. Ihre Mohnbrötchen schmecken besonders gut, wenn man den weißen Teig herausholt und ein Klümpchen frische Landbutter hineinsteckt. «Huh!» ruft Mama plötzlich. «Da ist ja eine Maus!» Nun ruft auch Großmama: «Und da ist noch eine! Sie bettelt, die kleine Freche!» Gipp und Zipp knurren und schnuppern. «Kinder», sagt Großmama leise, «nehmt das Brot und die Hunde und laßt uns gehen!»

DIE PAPIERLATERNEN hängen wie bunte Blumen rings um den Teich. Der Mond leuchtet nicht so hell wie die Baumwollspinnereien, wo am Abend alle Fenster funkeln. George und ich sind mit Mama und Großmama zum Teich gegangen. Wir wollen unsre Tanten abholen. Sie laufen Schlittschuh, und Miss Rosenrot ist auch wieder dabei. Es dauert nicht lange, da kommt Mr. Taylor und begrüßt Miss Rosenrot. «Seht nur», sagt Großmama, «ist das nicht unser Hilfspfarrer, Mr. Green, der mit Charlotte Schlittschuh läuft?» George und ich füttern die Enten mit altem Brot. Wenn unsre Hände leer sind, gehen wir zum Marroniverkäufer und seinem Öfchen. Vielleicht schenkt er uns eine heiße Marroni?

ONKEL JOHN heiratet. Vor der Kirchentür liegt Schnee. Ich habe mein rosa Hochzeitskleid an. «Ist die weiße Dame unsre neue Tante?» frage ich Mama. Sie merkt es gar nicht, daß ich mit dem Finger zeige – was bei uns verboten ist. Sie schaut zu einem Grabstein hinüber, hinter dem sich unsre Tante Frances und Onkel Johns Freund Alfred die Hand geben. Alfred möchte auch gerne heiraten. «Oh, Frances», ruft er, «willst du meine liebe Frau...» Aber da kommt seine Mutter und droht ihm mit dem Schirm. Sie will nicht, daß ihr Sohn Alfred sich verheiratet.

«KOMMT JETZT, Kinder!» ruft unsre Mama. «Was bleibt ihr nur so ewig vor dem Fischladen stehen?» Aber es riecht hier so gut nach gebratenem Fisch und Kartoffel-Chips! Uns läuft das Wasser im Mund zusammen. Auf einmal kommt Miss Rosenrot, begleitet von Mr. Taylor, und nun begrüßen sich alle und lachen – da können wir nicht sagen, daß wir eine Tüte mit heißem Fisch haben möchten. Wir denken an unser Abendbrot. Vielleicht gibt es Brot und Milchsuppe. Oder Grießbrei. Oder Milchreis. Keinen goldgelben Fisch! Keine knusprigen Chips!

DIE WEIHNACHTSFEIER in der Schule ist gar nicht schön. Wir müssen dabeisein, weil der Lehrer, Mister Thornley, unsre Mama und die Tanten gebeten hat, ihm zu helfen. Zwei Lehrerinnen hatten sich erkältet. Sie liegen im Bett. Allein kann er scheint's mit den schlimmen Schulkindern nicht fertigwerden. Er hat sich als Weihnachtsmann verkleidet und ruft schon auf der Türschwelle: «Bringt mir den Stock her, Willi und Sam!» Die beiden Jungen stehen auf dem Teetisch und raufen sich. Willis Schwester Anni schreit: «Tüchtig, Willi! Hau ihn!» Ein kleines Mädchen kommt mit ihrem Bruder zu Mama und sagt: «Miss, unser Walter hat in die Hose gepinkelt, und mir ist so schlecht!» Mama fragt Tante Frances: «Was fang' ich nur mit der Kleinen an? Vielleicht ist es etwas Ansteckendes?»

AM HEILIGEN Abend dürfen wir auf den Weihnachtsmarkt gehen. Von weitem hören wir schon das Geschrei des billigen Jakob. Bei dem kaufen wir nie etwas. Da ist ja schon die Heilsarmee! Sie singen: «Herbei, oh ihr Gläubigen, fröhlich triumphierend...», und viele Leute singen mit. George sagt: «Ich will auch zur Heilsarmee und auf die dicke Trommel schlagen! Wumm! Wumm! Wumm!» Mama weiß, daß wir nicht weglaufen, solange die Musik spielt. Sie geht zu den Buden. Vielleicht muß sie noch etwas für Weihnachten besorgen? Martha Higginbottom hat wieder Lebkuchen und Pfeffernüsse und Ingwerplätzchen gebacken. Auf einmal fängt es an zu schneien. Zipp hebt ein Beinchen hoch, er kann den Schnee nicht leiden und möchte nach Hause.